AF253491

P27 n
22651

PHILIS DE LA CHARCE

OU

UNE HÉROINE DU DAUPHINÉ

AU XVII⁰ SIÈCLE

PAR

M. Albert DU BOYS

Ancien magistrat.

Lecture faite à l'Académie Delphinale dans la Séance du 13 janvier 1865

GRENOBLE

IMPRIMERIE DE PRUDHOMME, RUE LAFAYETTE, 14

—

1865

PHILIS DE LA CHARCE

ou

UNE HÉROINE DU DAUPHINÉ

AU XVIIe SIÈCLE

Dans les grands dangers de la France, lorsque son existence nationale a été menacée, tout homme s'est trouvé soldat, et les femmes même ont donné l'exemple du courage et du dévouement. Il n'y a eu, il est vrai, qu'une Jeanne d'Arc dans notre pays; il n'a été donné à nulle autre personne de son sexe de rendre à un souverain son royaume, à sa patrie l'indépendance. Mais il en est qui ont contribué à arrêter des invasions destinées à promener sur notre sol le pillage et la mort; parmi elles, on cite Jeanne Hachette, à laquelle Beauvais a élevé un monument (¹). En Dauphiné, Philis de la Charce n'a pas moins bien mérité de son pays : elle a eu à déployer, avec autant d'intrépidité, encore plus d'aptitude réelle au commandement, encore plus d'ha-

---

(¹) Le duc de Guyenne, contre qui Jeanne Hachette défendit Beauvais, en 1472, était le frère de Louis XI; on pourrait le considérer comme un rebelle, mais non comme un étranger.

bileté et d'esprit de conduite. Ne lui a-t-il pas fallu, en effet, rallier sous son drapeau des populations protestantes récemment persécutées que l'ennemi appelait à la défection au nom de la vengeance et de la liberté? N'a-t-elle pas eu à raffermir autour d'elle des fidélités douteuses et chancelantes? Que de difficultés pour se créer une armée dans de telles conditions et pour l'entraîner au combat!

Cependant, l'héroïne de Beauvais, enfant du peuple, a été bien plus célébrée que la noble fille des Alpes, issue d'un sang illustre en Dauphiné. Nyons et les Baronnies (¹) que Philis de la Charce a sauvées de la ruine et du carnage, n'ont songé que de nos jours à lui dédier un tardif souvenir. On ne sait comment expliquer ces bizarreries et ces injustices de la popularité.

Peut-être, en ce qui concerne notre héroïne, l'importance du service qu'elle a rendu a-t-elle été de trop bonne heure et trop longtemps obscurcie par des fictions romanesques et des fables puériles. Cela aura en quelque sorte diminué l'intérêt sérieux qui devait s'attacher à elle, et dérobé aux yeux distraits du public la véritable signification d'un événement si fécond en graves conséquences. Notre tâche devra donc être surtout de dégager la vérité de ces fictions (²), de balayer les nuages qui

---

(¹) C'est ainsi qu'on appelait la contrée du Bas-Dauphiné dont Nyons était la capitale.

(²) Voir un roman anonyme sur Mlle de la Charce. Paris, Gandoin, 1731, et un autre de Mme la comtesse Dash, intitulé : *Mlle de la Tour-du-Pin*. Paris, Désessart, 1847. On peut lire aussi, dans un itinéraire de Mme Lebrun en Dauphiné, un chapitre entièrement romanesque sur le même sujet. Voir cet ouvrage, p. 349. *Le Dauphiné*. Paris, Amyot, 1848.

n'ont cessé de la couvrir jusqu'à ces dernières années, enfin, de faire surgir la réalité historique de dessous ces voiles, en lui donnant, autant que possible, toute sa lumière et tout son relief.

§ I.

Dans sa *Vie de Louvois*, ouvrage si fort et si substantiel, M. Camille Rousset a parfaitement retracé le portrait de Victor-Amédée, duc de Savoie, dont Philis de la Charce eut à combattre les armées. Ce prince, pendant sa jeunesse et les premières années de son règne, fut plus assujetti peut-être à Louis XIV qu'aucun roi de Portugal ne l'a jamais été au gouvernement anglais. Le Piémont était devenu un pays vassal du grand roi; le duc de Savoie avait été forcé d'envoyer la fleur de sa noblesse et une partie de ses troupes servir sous les drapeaux de l'altier suzerain qui lui avait imposé sa domination. De plus, il avait reçu dans ses Etats une espèce de garnison française destinée, disait-on, à le protéger contre ses ennemis. La contrainte engendre la dissimulation : Victor-Amédée feignit d'abord d'accepter un tel joug sans résistance et sans déplaisir. Mais dès que la puissance de Louis XIV déclina, dès qu'il se fut formé une coalition contre la France, ce prince, trop longtemps humilié, s'apprêta à faire payer l'oppression qu'il avait subie et à solder avec usure de longs arrérages de haine et de vengeance.

Parmi les mesures que la politique française avait imposées au duc de Savoie, nulle ne l'avait plus profondément révolté que la persécution à outrance dont on le fit l'instrument contre ses sujets vaudois. On avait employé le fer et le feu pour ramener à la religion catholique ces montagnards qui vivaient en paix depuis des siècles, protégés par la tolérance de leurs souverains. On les poursuivit jusques dans les gorges les plus reculées, jusques sur les glaciers les plus inaccessibles. Ceux qui échappèrent à la mort trouvèrent un refuge en Suisse et dans les contrées voisines. Dès que le joug français eut cessé de peser sur lui, le duc de Savoie rappela dans leur patrie les Vaudois ou *Barbets* fugitifs (¹) ; il en composa une espèce de milice franche qu'animaient des ressentiments féroces contre le clergé français. En même temps, il chercha à lier des intelligences avec les protestants dauphinois que venait de frapper l'édit de Nantes, et qui étaient nombreux et redoutables. Tous les alliés étaient bons à Victor-Amédée.

A la fin du seizième siècle, le célèbre Montbrun, qui faisait aller au prêche à coups de bâton ses vassaux et ses serfs, avait étendu le protestantisme dans une grande partie du Bas-Dauphiné. La population s'était maintenue longtemps dans cette séparation religieuse, grâce à l'influence des principaux seigneurs du pays, tous Calvinistes. De ce nombre étaient les seigneurs de la Charce, qui avaient des terres considérables à Nyons et dans les vallées des environs.

Vers le milieu du xvii° siècle, le marquis de la Charce de Gouvernet fit comme Turenne, dont il avait été l'un des lieutenants : il changea de religion, ou plutôt il revint à la religion de ses aïeux, en abjurant le pro-

---

(¹) A cette époque, ils étaient plus connus sous cette dernière dénomination. *Barbets* vient du nom qu'eux-mêmes donnaient à leurs docteurs qu'ils appelaient *barbes*.

testantisme (¹). Il traita assez sévèrement ses vassaux qui n'avaient pas voulu, pour la plupart, imiter son exemple, et qui continuaient de tenir des assemblées au désert, en contravention avec les ordonnances du roi (²).

Ce seigneur avait eu quatre fils qui entrèrent de bonne heure au service militaire, et dont les deux aînés moururent jeunes encore et sans enfants.

Il eut de plus trois filles, qui furent successivement élevées dans le couvent de Montfleury, près de Grenoble, où elles reçurent une excellente éducation religieuse (³).

(¹) Pierre de La Tour, père de Philis, né en 1607, fut nommé mestre de camp à 15 ans, en 1622 : il se distingua, en 1629, à l'attaque du Pas-de-Suze où il commandait les enfants-perdus. Puis il servit en Lorraine jusqu'en 1631, et c'est là, dit-on, qu'il se serait fait catholique. En 1640, les nobles des Baronnies et du Gapençais s'assemblent à Gap et le nomment leur brigadier à l'arrière-ban, commandé pour le siége de Turin où il les conduit. En 1643, il fait la campagne de Roussillon. En 1652, le roi lui donne deux régiments et le nomme maréchal-de-camp. Il meurt en 1675.

Quelques personnes ont pensé qu'il était mort protestant, et que les actes rigoureux de prosélytisme qu'on lui a prêtés doivent être attribués à l'un de ses fils. Néanmoins, il est certain que son père, César de la Tour, avait embrassé la religion catholique avant 1630; car on trouve à cette date une requête des catholiques, pour qu'il leur soit permis de réparer une brèche faite à leurs remparts, et entre autres considérations à l'appui de leur demande, ils font valoir celle-ci, savoir : que le *marquis de la Charce, gouverneur de Nyons, s'était converti.*

Le texte de cette requête m'a été communiqué par M. Auzias, avocat à Grenoble et ancien bâtonnier de l'ordre.

(²) Cette dureté si regrettable est donnée comme une preuve de sincérité et d'énergie, par des auteurs et des journaux contemporains. — Voir les Mémoires de Dangeau et autres.

(³) Ce fait est attesté par l'auteur du roman anonyme cité plus haut,

L'aînée, Françoise de La Tour, qui était beaucoup plus âgée que ses sœurs, se maria le 26 décembre 1652 avec M. de Pontis, seigneur d'Urtis et de Curban, dont les possessions se trouvaient, moitié dans le Gapençais, moitié dans la Haute-Provence.

Plusieurs années après, Philippe de la Charce, que l'on appela plus tard Philis par altération euphonique ([1]),

---

écrit presque aussitôt après la mort de Philis de la Charce et publié en 1731. Comme l'auteur aurait parfaitement pu s'en passer pour le tissu de sa fiction, j'ai cru devoir l'admettre comme vrai. Le gouvernement de Louis XIV poussait d'ailleurs beaucoup les nouveaux convertis à faire élever leurs enfants dans des couvents.

([1]) Voici la note que M. Morin-Pons, membre de l'Académie de Lyon et érudit fort distingué, a bien voulu me communiquer à ce sujet. Elle est extraite textuellement des livres manuscrits du marquis de la Charce.

« Mémoire des enfants que Dieu m'a donnés de noble Françoise
» de La Tour, ma cousine germaine, fille de messire Jean de La
» Tour de Mirabel, seigneur de Montmorin et Sigoutier, gouverneur
» pour le roi de la ville et citadelle de Nyons, et de noble Catherine
» de Peyre, dame de Sigoutier. Le roy valida notre mariage (a) par
» ses lettres-patentes, scellées du grand sceau en cire rouge, du.....
» (La date manque.)
» ..... Elles furent enregistrées au greffe du Parlement de Greno-
» ble. (La date manque également.)
» Le 5 de l'an 1645 (5 janvier), ma femme s'accoucha (sic) d'une
» fille à Montmorin. Elle y fut baptisée (nommée?), par M. Bonnet,
» notaire à la Charce; elle a nom Philippe, et on la nomme Philis.
» M. le conseiller de St-Germain, l'oncle de ma femme à la mode de
» Bretagne, est son parrain, et Mme la conseillère de Moret était sa
» marraine, laquelle était sœur de Mme de Mirabel, mère de ma
» femme, toutes deux de la maison de Peire, près de Serre. M. de

(a) Il paraît que M. de la Charce s'était marié devant le pasteur protestant de la Motte-Chalencon. Etant devenu catholique, il fallut qu'il fît valider ce mariage, contracté d'ailleurs sans le consentement de ses parents.

et sa sœur cadette, connue sous le nom de Mlle d'Aleyrac, sortirent à leur tour du couvent de Montfleury.

Mme de la Charce voulut donner à ses deux dernières
filles une instruction littéraire plus étendue que celle
qui pouvait résulter alors d'une éducation monastique.
Pour atteindre ce but, il fallait rencontrer une personne
du monde, connue par son instruction et son talent, laquelle consentirait à partager sa solitude en Dauphiné
pendant un certain temps. Or, il se trouvait que Mme Deshoulières était en relation avec plusieurs membres de la
famille de La Charce-Gouvernet. Mme de la Charce en
profita pour l'inviter, ainsi que Mlle Deshoulières sa
fille, à passer quelque temps dans ses châteaux de la
Charce et de Montmorin. Elle parvint à les y retenir pendant trois années (¹). Philis ou Philippe de la Charce,
née en 1645, ne devait avoir que dix-huit ou dix-neuf
ans à l'époque où elle fut confiée, avec sa sœur Mlle
d'Aleyrac, aux soins de l'illustre femme poëte ; elle
conquit son affection et obtint ses préférences marquées.
Et pourtant Mlle d'Aleyrac réussissait dès lors mieux que
sa sœur dans l'art de la versification !

C'est à Philis que Mme Deshoulières, après avoir quitté

» Jarjayes, fils d'une autre sœur de Mme de Mirabel, la présenta
» au baptême avec ma fille de Curban (a). »

(¹) Il est probable que l'on doit placer ce séjour entre 1663 et 1666.
Il y est fait allusion, dans une première édition, des œuvres de
Mme Deshoulières, à la date de 1668. Voir à ce sujet une note de
M. Walckenaër, répétée par M. Chéruel, nouvelle édition de Mme
de Sévigné, par M. Regnier, t. 4, p. 124. Paris, 1862.

(a) M. de la Charce donne à sa fille aînée un nom qu'elle ne portait pas
encore en 1645 ; elle ne prit le nom de M. de Pontis, seigneur d'Urtis et de
Curban, qu'en 1652. Nous avons sous les yeux son contrat de mariage, également communiqué par M. Morin-Pons.

le Dauphiné, dédia deux épîtres assez remarquables : l'une a pour but de célébrer la fontaine de Vaucluse et porte une date, 1673; l'autre, intitulée : *Epître chagrine*, n'en a pas, et paraît être postérieure. Le sujet de la première avait été indiqué par Philis de la Charce, qui avait conduit Mme Deshoulières au bord de la célèbre fontaine. Nous citerons le commencement de cette pièce :

A Mlle DE LA CHARCE.

Sur la fontaine de Vaucluse,
Quand vous me pressez de chanter,
Pour une fontaine fameuse,
Vous avez oublié que je suis paresseuse,
Qu'un simple madrigal pourrait m'épouvanter;
Qu'entre une santé languissante
Et d'illustres amis par le sort outragés,
Mes soins sont toujours partagés.
Par plus d'une raison devenez moins pressante,
Philis, vous ne savez à quoi vous m'engagez (¹).

Vient ensuite une courte description du site de la fontaine de Vaucluse; puis tout le reste de la pièce, d'ailleurs fort médiocre, roule sur les souvenirs de Laure et de Pétrarque.

La seconde épître adressée à Philis de la Charce est plus significative, comme peinture de mœurs. Dans cette épître, qui a un peu la couleur de la satire, Mme Deshoulières se plaint du mauvais ton que les jeunes seigneurs de la Cour prennent avec les femmes. — Ce sont les femmes qui les gâtent, dit-elle; puis elle termine ainsi :

(¹) Tom. 1er, p. 30, édit. de 1707.

> Vous, aimable Philis, que l'aveugle fortune
>> Condamne à vivre dans des lieux
> Où l'on ne connaît point cette foule importune
>> Qui suit ici nos demi-dieux,
> Ne vous plaignez jamais de votre destinée.
>> Il vaut mieux mille et mille fois
>> Avec vos rochers et vos bois
>> S'entretenir toute l'année,
>> Que de passer une heure ou deux
> Avec un tas d'étourdis, de coquettes.
> Des ours et des serpents de vos sombres retraites,
>> Le commerce est moins dangereux (¹).

Ces deux pièces de vers ont été écrites longtemps avant la campagne de 1692, où Philis de la Charce devait s'acquérir une gloire plus haute que celle des lettres. Il n'est pas étonnant, par conséquent, que Mme Deshoulières n'y fasse aucune allusion.

Mais si la poésie avait nourri la jeunesse de Philis, elle devait avoir fortement exalté son imagination. On se figure qu'à l'ombre des arbres et sous les rochers de Montmorin ou de la Charce, elle devait lire Corneille avec la femme distinguée qui l'initiait à la littérature française : et sa jeune âme ne pouvait manquer de s'éprendre d'un vif enthousiasme pour des héroïnes telles que Chimène et Emilie. Mme Deshoulières continua fort longtemps de correspondre avec son amie du Dauphiné, et ce commerce épistolaire, en tenant en éveil cette jeune intelligence, la mettait au courant des nouvelles de la Cour et de la ville, du mouvement religieux littéraire et politique.

(¹) Tom. 1er, p. 94; 2 vol. in-12. Paris, chez Jean Villette, 1707. Le 2e vol. est de 1711.

D'un autre côté, par sa bonté et sa charité, Philis avait acquis une grande influence sur la population de la Charce, sur celle de Nyons et des environs. Ses goûts littéraires ne lui avaient pas fait négliger les exercices du corps, et les paysans de ces montagnes la voyaient souvent parcourir à cheval les gorges les plus profondes et les cols les plus élevés. Une sorte de prestige avait fini par entourer sa personne; les habitants du pays la regardaient comme un être merveilleux, et professaient pour elle un culte où l'amour se mêlait à l'admiration. Cependant, Philis n'avait pas voulu se marier et était arrivée ainsi jusques sur les limites de l'âge où finit la jeunesse. Elle venait de perdre son père, quand le hasard voulut qu'elle et sa mère rencontrassent Mme de Grignan. Toutes les deux portaient des vêtements de . deuil, et leurs toilettes, un peu excentriques, attirèrent l'attention de la grande dame de la Cour de Louis XIV.

Mme de Grignan saisit vivement le côté ridicule des nobles provinciales; elle avait de qui tenir pour la raillerie piquante et acérée.

Sa lettre sur ce sujet a été perdue; mais on peut se faire une idée de ses mordantes plaisanteries, par le passage suivant d'une réponse de Mme de Sévigné à sa fille, à la date du 9 septembre 1675 :

« Nous avons ri aux larmes de votre Mme de la Charce
» et de Philis, sa fille aînée, âgée de 39 ans; je la vois
» d'ici : que voulez-vous dire que vous ne narrez point
» bien? Il n'y a chose au monde si plaisamment contée
» et personne n'écrit si agréablement. Mais il faut pleurer
» d'être dans un pays où l'on porte le deuil si burles-
» quement. Je vous remercie de la peine que vous avez

» prise de narrer cette folie. C'est un style que vous
» n'aimez pas, mais il m'a bien réjouie (¹). »

Le savant Walckenaër a fait observer que Mlle de la
Charce n'avait à cette époque que 30 ans et non 39
ans (²), que lui accordait Mme de Grignan avec beaucoup
trop de libéralité. Ce n'était pas peut-être la seule in-
exactitude qu'elle se fût permise dans cette rencontre.
Pour elle, la Provence était un exil; elle s'en dédom-
mageait en se moquant du prochain.

Mme de Grignan ne se doutait pas alors de la célébrité
que devait s'acquérir, peu d'années après, cette jeune
personne, dont elle se plaisait à relever les ridicules,
pour amuser les loisirs de Mme de Sévigné, si maligne
elle-même, mais moins hautaine et moins impitoyable
que sa fille.

Néanmoins, la fière comtesse de Grignan, cette espèce de vice-reine de Provence, change de ton peu d'années après. Devenue peut-être avec l'âge moins mo-
queuse et plus grave, elle trouve à dire quelque bien
d'une famille qui était, après tout, entourée d'une immense considération à Nyons et dans le Bas-Dauphiné.
Il paraît qu'après avoir entretenu des relations suivies
avec les demoiselles de la Charce, elle avait fini par
goûter beaucoup leur société et par revenir sur des ju-

(¹) Lettres de Mme de Sévigné, édit. de M. Regnier, t. 4, p. 124.
Paris 1864.

(²) Note rappelée par M. Regnier, dans l'édition ci-dessus citée,
t. 4, p. 124. M. Walckenaër démontre que Philis de la Charce, étant
morte à Nyons au mois de juin 1703, à l'âge de 58 ans, ne pouvait
avoir que 30 ans en 1675. La mention que nous avons trouvée de la
date de sa naissance, le 5 janvier 1645, enlève toute espèce de doute
à cet égard.

gements trop légèrement portés. De plus, le château de Montmorin lui paraissait une retraite agréable et commode. M. de Grignan y trouvait une hospitalité attentive quand il allait sur les limites de la Provence et du Dauphiné poursuivre les assemblées clandestines que tenaient les protestants *au désert*, c'est-à-dire, dans des lieux écartés, éloignés de toute habitation. C'est en répondant à des récits de sa fille, sans doute bien différents des premiers, que Mme de Sévigné lui écrit ces quelques lignes d'un grand intérêt pour nous :

« Vraiment MM^{lles} de la Charce sont bien établies ;
» voilà un joli château : ce qui me fâche, c'est que je
» crains que ces démons, qui disparaissent dès qu'ils
» ont peur et qu'ils voient M. de Grignan, ne reparais-
» sent avec la même facilité dès qu'il n'y sera plus, et
» ce serait toujours à recommencer (¹). »

M. de Grignan, *pour que cela ne recommençât pas toujours*, laissa, à ce qu'il paraît, des instructions et des pleins pouvoirs à ses nobles hôtesses, afin qu'elles fussent en mesure de réprimer elles-mêmes les contraventions des protestants de leur voisinage aux ordres du roi.

Aussi, quelque temps après, *ces démons*, comme dit Mme de Sévigné, s'étant réunis près de Bourdeaux, et ayant formé un camp qui prenait le nom de *camp de l'Eternel*, Mlle d'Aleyrac, escortée de plusieurs hommes d'armes, monta à cheval, alla parlementer avec les chefs de cette assemblée, et, moitié par persuasion, moitié par menaces, les amena à la dissoudre immédiatement.

(¹) La lettre est de Paris, 9 mars 1689, édit. d'Adolphe Regnier, t. VIII, p. 513.

Cette entreprise hardie, couronnée d'un plein succès, fit le plus grand honneur à la jeune amazone. Elle y avait déployé autant d'habileté que de présence d'esprit.

Déjà Mme Deshoulières l'avait invitée, à ce que l'on croit, à venir la rejoindre à Paris, et l'avait présentée à la Cour. Là, Mlle d'Aleyrac s'était fait une certaine réputation de femme spirituelle et lettrée. Elle tournait avec facilité des vers de circonstance. Nous trouvons dans la *Nouvelle Pandore*, espèce d'*Almanach des Muses* de ce temps, un madrigal de cette *Sapho* (¹) dauphinoise sur une expédition de Louis XIV en Flandre.

MADRIGAL.

Sur la prise de Gand, le 9 mars, et de sa citadelle, le 12. et d'Ypres, le 25 mars 1678.

« Vous revenez bien tard, oiseaux, dans ce bocage ;
Louis a déjà fait de glorieux exploits :
Que ne vous pressiez-vous pour avoir l'avantage
De mêler à nos chants votre charmante voix
    En l'honneur du plus grand des rois ?
Autrefois le printemps, et vous, et la victoire,
    Vous paraissiez tous à la fois ;
    Maintenant Louis a la gloire
De ranger en tout temps la victoire à ses lois. »

Réponse de M. de Vertron, éditeur de la Nouvelle Pandore.

Vous qui dans vos beaux vers reprochez aux oiseaux
    D'être lents à chanter la gloire,
Les progrès merveilleux et les exploits nouveaux
    D'un roi suivi de la victoire,
Parmi les beaux esprits vous avez peu d'égaux :
    Sans avoir d'Amphion la lyre,

(¹) On assure que Mme Deshoulières la nommait ainsi.

Par votre chant divin que le Parnasse admire,
Vous savez attirer d'abord les animaux,
Comme par vos appas et par votre art d'écrire,
Vous enchantez les dieux et charmez les héros (¹).

Après avoir réussi à dissoudre *le camp de l'Eternel*, elle retourna à Paris où on la félicita, elle aussi, sur les succès de son *expédition*. Elle s'y trouvait en 1692, époque à laquelle sa sœur, Philis de la Charce, cueillit des lauriers plus brillants encore que les siens. Pour faire bien comprendre les événements auxquels le nom de notre héroïne va se trouver mêlé, il est nécessaire de rentrer un moment dans l'histoire générale.

§ II.

Vers la fin de 1689 ou au commencement de 1690, le duc de Savoie déclara la guerre à la France. Ses deux premières campagnes furent malheureuses, il fut battu en plusieurs rencontres. Mais la troisième année, en 1692, il prit une revanche éclatante des échecs qu'il avait subis. On avait tellement affaibli l'armée de Catinat, que ce grand général ne put pas s'opposer aux entreprises de son ennemi. De plus, il n'avait aucune confiance dans les montagnards des Hautes-Alpes, parce que la plupart étaient huguenots, comme on disait alors. C'est ainsi qu'il refusa des armes aux habitants de Barcelonnette et de Guillestre, qui offraient de garder les défilés de la montagne de Vars. Il craignait une défection qui aurait augmenté les ressources des ennemis (*).

(¹) La *Nouvelle Pandore*, par M. de Vertron, pp. 204-205.
(²) Mémoires manuscrits de Leclair, transcrits à la fin d'un recueil

Victor-Amédée traversa donc les premières chaînes des Alpes du côté du Piémont, sans rencontrer aucun obstacle. Il avait passé avec douze ou quinze mille hommes par le col de l'Argentière et celui de Vars, tandis qu'il avait dirigé par le col de la Traversette, près du Mont-Viso, un corps de protestants et réfugiés français commandés par Schomberg. Ce corps était composé de quelques volontaires et de deux régiments appelés, du nom de leurs colonels, régiments *de Cornuaud* et *de Varennes* (¹). A ce noyau d'armée régulière, se joignaient quelques milliers de *Barbets* (²), qui avaient plus souffert encore que les réfugiés français, par suite de la politique cruelle que Louis XIV avait imposée au duc de Savoie. Le fanatisme et la soif de la vengeance les animaient tous d'une même fureur.

Victor-Amédée avait fait répandre à profusion, dans la Haute-Provence et le Dauphiné, d'étranges proclamations où il promettait aux Calvinistes de ces provinces la plus entière liberté de conscience (³). A cette époque,

---

factice de manuscrits et opuscules, légué à la bibliothèque de Grenoble, en 1860, par M. Ad. Bernard, mort conseiller à la Cour de Paris. — Le sieur Leclair était capitaine et aide-major du régiment de Chalandières, des milices de Grenoble.

(¹) Ces régiments avaient été envoyés de Prusse au duc de Savoie par le roi Frédéric-Guillaume. Suivant quelques historiens français, la portion de l'armée du duc de Savoie qui traversa les Alpes était en tout d'environ trente mille hommes. Le reste des troupes dont il avait pu disposer était resté occupé en deçà des Alpes, au siége de Suze et de Pignerol.

(²) Les Barbets étaient sous les ordres de M. de la Junchère de Romans, qui appartenait à une branche cadette de la maison du Puy-Montbrun.

(³) M. de Dangeau disait, après la retraite du duc de Savoie :

un tel langage était inouï dans la bouche d'un prince catholique. Au surplus, ce n'était pour lui qu'une machine de guerre ; il était, au fond, très-fortement attaché à ses traditions de culte et de famille.

Avec toutes ses forces réunies, le duc de Savoie, accompagné de Commercy, du prince Eugène et du général Leganez, s'empara de la petite ville de Guillestre, puis il vint faire le siége d'Embrun. Quoique cette place fût presque démantelée et mal pourvue d'artillerie et de munitions, le général Larrey la défendit avec beaucoup de valeur et de fermeté, pendant douze ou treize jours (¹). Au bout de ce temps, il obtint une honorable capitulation pour lui et pour les trois régiments qui composaient sa petite armée (²).

Irrité par cette résistance inattendue, le duc de Savoie donna carte blanche à ses troupes pour le pillage et l'incendie. Ce fut une guerre de barbares. Soixante villes, bourgs ou villages furent livrés aux flammes, et entre autres, Chorges, La Bâtie, St-Bonnet, Tallard, Gap, etc. Dans cette dernière ville en particulier, d'atroces brutalités furent commises par les soldats huguenots sur des religieuses Ursulines, puis sur toutes les femmes et filles qu'ils purent rencontrer (³).

« Toutes les troupes du duc de Savoie et de Caprara ont repassé les » Alpes; ils ont eu la mortification de voir que, pendant qu'ils ont » été en Dauphiné, pas un religionnaire n'a branlé. » (22 sept. 1692, t. IV, p. 172.)

(¹) Depuis le 5 août jusqu'au 17 ou 18. Plusieurs des généraux du duc de Savoie furent blessés grièvement devant les murs d'Embrun.

(²) C'était un régiment d'infanterie française, un régiment de dragons et un autre d'Irlandais. (Voir le manuscrit de Leclair.)

(³) Ce sont les propres expressions de Leclair. Les régiments pro-

Les habitants de ces contrées, dénués de tout, se réfugièrent sur les cimes les plus escarpées des montagnes, où ils furent réduits à se nourrir de racines sauvages ; quelques-uns y moururent de faim.

C'est à ce moment que la fille aînée du marquis de la Charce, Mme d'Urtis, montra la plus rare présence d'esprit. Elle fit couper les câbles des bacs de la Durance, pour arrêter la marche des Savoisiens. Le laconisme des Mémoires du temps nous réduit, sur ce point, à des conjectures pour toute explication. Elle se trouvait probablement à Sisteron, que Catinat avait dégarni de troupes pour couvrir Briançon. Le duc de Savoie avait traversé déjà la Durance beaucoup plus haut, sur le pont de St-Clément, pour venir mettre le siége devant Embrun. Les corps francs voulaient se jeter sur Sisteron et livrer cette ville au pillage ; mais il fallait pour cela repasser la rivière, et les précautions habiles de Mme d'Urtis durent rendre impossible ce nouveau coup de main.

Les corps savoisiens, repoussés de Sisteron et n'ayant d'ailleurs jamais eu sérieusement la pensée d'envahir la Haute-Provence, parurent vouloir remonter la vallée du Buech, de là ils auraient menacé les Baronnies en se jetant sur la gauche, vers le col de Cabre ou bien le Diois,

---

testants français furent plus tard presque entièrement détruits à la bataille de *la Marsaglia,* près de Mondovi (Weiss, *Hist. des réfugiés protestants,* p. 184.)

Dangeau dit, à la date du 4 septembre 1692 : « M. de Savoie est » entré dans Gap où il n'y avait pas de garnison ; on ne sait point » encore s'il tournera du côté de Grenoble ou s'il tournera du côté » de Gap ou de Valence. (T. IV, p. 164.)

en remontant la vallée jusqu'à la Croix-Haute et au-
delà, et en traversant le col de Menée.

Les habitants songèrent eux-mêmes à leur propre défense. Dans les Hautes-Alpes, MM. de Flotte, de Saint-
Pierre et de Taillade armèrent quelques paysans ;
MM. Lagier de Vaugelas et de la Chardonnière réunirent
de leur côté des volontaires à Die et aux environs, et se
portèrent aux défilés qui séparaient leur pays du Trièves.
Ils durent envoyer des renforts jusqu'au passage de la
Croix-Haute, où les habitants du Percy, de l'Alley et
des villages voisins avaient déjà rompu le chemin et fait
des barricades.

Dans les Baronnies, les deux jeunes Messieurs de la
Charce étant retenus à l'armée du Nord, pour le service
du roi, nul seigneur, nul ancien officier ne se rencontrait
qui parût propre à rallier les populations. Ce rôle dif-
ficile échut à Philis de la Charce (¹).

Cette jeune fille n'hésita pas à parcourir Nyons et les
environs, à cheval, en habit d'amazone, avec une fai-
ble escorte, pour exhorter les habitants à la défense du
pays. Entourée de protestants dont on voulait lui faire
suspecter la fidélité, elle les arma comme les catholiques. Sa noble confiance ne fut pas trompée ; la vive ar-
deur qui l'animait se communiqua à sa petite troupe.
On la vit revêtir une cuirasse, et, l'épée à la main, le
pistolet à l'arçon de sa selle, se placer à la tête de ses
compagnons d'armes ; elle les conduisit au col de Cabre

(¹) Mlle d'Aleyrac aurait pu seconder utilement sa sœur, car elle
avait fait ses preuves quelque temps auparavant, comme nous l'a-
vons dit ; mais elle se trouvait à Paris, en 1692, et elle regretta fort
de ne pouvoir partager les périls et la gloire de sa famille.

où les Savoisiens devaient passer. D'abord elle mit en fuite les bandes indisciplinées qui devançaient l'armée ennemie, puis elle croisa le fer avec les Barbets et les réfugiés français, et les rejeta sur la pente opposée du col. Au reste, les autres passages des Alpes, voisins de celui où elle avait rencontré l'ennemi, avaient été fortifiés par ses ordres ; les ponts des torrents avaient été rompus ; de grands abatis d'arbres furent mis en travers des routes ; enfin, les sommets au-dessus de ces passages étaient occupés par des paysans tout prêts à faire rouler de grands quartiers de roc sur les assaillants. Aussi les Savoisiens reculèrent pour la première fois depuis le commencement de la campagne, devant une défense si savamment et si vaillamment organisée. L'éclatant succès de Philis de la Charce eut un immense effet moral et changea complétement la face des choses. Les troupes de Larrey et de Catinat purent reprendre l'offensive et celles du duc de Savoie furent obligées de se replier au-delà des Alpes, après avoir perdu, dans des combats partiels, plus de six mille hommes.

M. de Larrey rendit un juste hommage à Mlle Philis de la Charce, à qui il écrivit une lettre de félicitations, pleine de courtoisie chevaleresque.

Voici cette lettre, dont l'authenticité nous a été affirmée par des membres de la famille qui ont vu et copié le texte original, resté entre les mains de l'un deux.

» 22 septembre 1693, au camp de Fénestrelle.

» Si le roi avait, dans ses provinces, beaucoup de personnes comme vous, Mademoiselle, il n'aurait pas besoin d'y avoir des troupes ni d'autres forces que celles de votre prudence et de votre zèle pour son service. Vous rassurâtes si fort le pays l'année dernière, que nous vous devons la tranquillité qui s'y conserve. Il est vrai, Mademoiselle, que j'en ai rendu compte à la Cour ; elle appréciera certainement tout ce qu'il y a de grand, d'héroïque, dans votre conduite, et vous en serez récompensée par la reconnaissance et l'estime de Sa Majesté.......

» LARREY. »

Mme Dash rapporte cette lettre, t II, pp. 58, 59 de son roman intitulé : *Mlle de la Tour-du-Pin* ; mais elle en a un peu altéré les expressions, que nous avons rétablies suivant le texte original qui est conservé au Château de Fontaine-Française, chez Mme la marquise de La Tour-du-Pin la Charce, née Monaco (¹).

Catinat joignit, dit-on, ses témoignages d'estime et d'admiration à ceux de son intrépide lieutenant. Philis de la Charce fut également l'objet des éloges les mieux sentis dans un rapport que M. Bouchu, intendant général du Dauphiné, envoya au roi lui-même sur les événements de la campagne de 1692.

Enfin, un habitant de Gap, M. Souchat, écrivit à Mlle de la Charce le petit billet suivant, qui a je ne sais quelle odeur du grand siècle.

« A Gap, ce 15 octobre 1692.

» Ce n'est pas d'aujourd'hui, Mademoiselle, que je sais que vous faites revivre les Amazones. Bien que nous soyons d'un pays perdu, nous avons ouï parler de vos

---

(¹) Cette dame est morte au commencement du mois de mai 1865.

exploits ; et si nous avions été assez heureux pour avoir ici quelqu'un de votre valeur, nous aurions évité très-assurément les maux que les ennemis nous ont faits.

» Si j'en étais cru, non-seulement M. l'intendant, mais M. de Catinat publieraient si fort vos louanges à la Cour, que votre nom y serait éternisé, puisque c'est à vous seule que l'on doit la conservation de votre pays.

» SOUCHAT. »

On devait, en effet, comprendre, à Gap mieux qu'ailleurs, l'étendue immense du service que l'héroïne de Nyons avait rendu au Bas-Dauphiné. Depuis que les Savoyards avaient repassé les Alpes, tous les jours, autour de cette ville qui avait été elle-même brûlée, pillée, saccagée (¹), on voyait de malheureux paysans descendre en foule avec leurs femmes et leurs enfants, du haut des sommets déserts et glacés où ils avaient passé plusieurs semaines. Ils semblaient desséchés par la faim : leurs visages étaient noircis et ridés ; leurs vêtements tombaient en lambeaux, et presque tous ne retrouvaient dans leurs villages que des ruines et des cendres (²).

(¹) Le duc de Savoie avait emmené trois cents mulets chargés des dépouilles du pays, et mis le feu, en partant, aux quatre coins de la ville. Mais heureusement *le feu seconda mal ses intentions*. (*Mercure galant*, sept. 1692, p. 318.)

(²) Manuscrit déjà cité du capitaine Leclair.

On trouve dans nos archives du Dauphiné des demandes de dégrèvement, en 1699, à l'intendant et à la chambre des comptes par les communautés de Gap, d'Embrun et de Guillestre, constatant qu'aux alentours de ces villes les vignes avaient été arrachées, les maisons de ferme brûlées, les champs ravagés, et que depuis sept ans tout le pays était réduit à la plus profonde misère. (Note communiquée

Suivant les conseils de M. Bouchu, intendant de la province du Dauphiné, Philis de la Charce vint, l'année suivante, à Paris où le roi la reçut avec beaucoup de distinction. Louis XIV qui, avec son instinct vraiment royal, savait si bien deviner et admirer les grands cœurs, la combla des marques de sa faveur royale ([1]). Il lui accorda une pension de 2,000 liv., égale au traitement d'un colonel ([2]). De plus, on mit par ses ordres, au trésor de St-Denis, l'épée et les pistolets de l'héroïne dauphinoise. On y joignit plus tard son portrait et son écusson, avec cette inscription :

PHILIS DE LA CHARCE, DE LA MAISON DE LA TOUR-DU-PIN-GOUVERNET, EN DAUPHINÉ.

On m'a assuré que c'est ce même portrait qui est au musée historique de Versailles, et qui y a été placé en 1856 par les ordres de Napoléon III.

D'après ce portrait, Philis de la Charce avait une taille

---

par M. Pilot, archiviste du département de l'Isère.) En 1693, Louis XIV avait pourtant envoyé 400,000 fr., pour secourir les Gapençais dans leur détresse; mais ce n'avait été que comme une goutte d'eau dans l'Océan.

([1]) Mémoires de Dangeau, édités par Feuillet de Conches, t. IV, p. 158. Il y a au bas de la page une note curieuse, extraite du *Mercure* de cette époque.

([2]) On lit dans une lettre du 28 juin 1702, adressée à Mme la marquise de la Charce, par un M. Martinel, son homme d'affaires: « Je » vous renvoie l'extrait de l'ordonnance que M. de Chamillard a » envoyée à Mlle de la Charce, touchant le paiement de sa pension, » comme prenant beaucoup de part à toute votre illustre famille, » à laquelle je souhaiterais des couronnes, etc. (Papiers communiqués par M. Morin-Pons.)

élevée et majestueuse, les traits réguliers et une physio-
nomie où la douceur se mêlait à la fierté (¹). On la compa-
râît à Pallas à cause de la noblesse de sa figure et de sa
démarche.

C'est à cette époque qu'il faut rapporter la lettre suivante, où Mme de Sévigné reconnaît que Mlle de la Charce
cause avec infiniment d'esprit et de charme.

« J'ai vu ensuite Mme de Vins, dit-elle, M. le chevalier y
» présentait Mlle de la Charce, autrement dite *la guer-
» rière Pallas* : elle nous a conté ses dernières campa-
» gnes avec beaucoup d'esprit, (²). »

Peut-être y a-t-il une légère teinte d'ironie dans ces
mots, *ses dernières campagnes*. Au nombre de ses campagnes, Philis comptait-elle ses excursions dans les montagnes du Dauphiné et de la Haute-Provence avec M. de
Grignan? ou bien avait-elle déjà combattu des partis de
protestants avant 1692? Les documents nous manquent
sur ce point.

M. de Vertron, le galant auteur de la *Nouvelle Pandore*, ne compare pas Mlle de la Charce à Pallas, mais à
Clélie. Son quatrain n'a point de valeur comme poésie,
mais il a son prix comme témoignage historique :

> Par la prudence et la valeur,
> La Charce surpasse Clélie;
> Par l'esprit et par la douceur,
> D'Aleyrac surpasse Télie (³).

(¹) C'est plutôt un tableau qu'un portrait. Philis y est représentée
en pied, en costume d'amazone. On voit au second plan des figures
de combattants, et le tout est encadré dans un paysage alpestre.
Peut-être y a-t-il dans tout cela plus de fantaisie que de vérité. Au
surplus, ce tableau, qui est de Legrip, n'est pas sans valeur.

(²) Edit. d'Adolphe Regnier, t. X, p. 548.

(³) *Nouvelle Pandore*, p. 448.

Plus tard, Voltaire a consacré un petit article de son *Dictionnaire philosophique* à la personne et au beau fait d'armes de Philis de la Charce : il y fait remarquer que l'ordre de St-Louis n'était pas encore institué en 1692, époque à laquelle cette nouvelle héroïne parut à la Cour (¹).

Il insinue donc qu'elle aurait obtenu la croix de cet ordre si sa présentation à la Cour avait eu lieu un an plus tard. Mais cette faveur n'aurait-elle pas pu aller la chercher dans sa retraite, au sein des montagnes du Dauphiné?

Quoi qu'il en soit, Philis de la Charce ne fut point enivrée des témoignages d'estime que lui avait donnés le grand roi. Cependant elle y mettait le prix que l'on attachait alors à tout ce qui venait du trône. Personne n'éprouvait plus vivement qu'elle ce sentiment qui est presque effacé aujourd'hui, et qui se confondait si aisément, à cette époque, avec le plus pur patriotisme. Mais l'humilité chrétienne servait de contre-poids, dans son cœur, à des hommages qui descendaient de si haut.

Philis, en défendant son pays contre l'invasion étrangère, croyait n'avoir fait qu'une action très-simple et très-naturelle ; elle était tout étonnée et comme honteuse de sa gloire.

Elle retourna cacher sa vie au château de Montmorin et dans le manoir de sa famille, à Nyons. Les Mémoires du temps nous apprennent qu'elle refusa de se marier. On a souvent prétendu que l'héroïsme guerrier, chez une femme, avait quelque chose de trop fier et de trop indépendant pour se plier facilement à la monotone

---

(¹) Voltaire, *Dictionnaire philosophique*, v° *Amazone*. — L'ordre de St-Louis ne fut institué que le 20 mai 1693.

subordination de la vie conjugale. Il y a là-dessus des pré-
jugés fortement enracinés dans le monde. Philis de la
Charce ne chercha pas à en triompher, ou du moins elle
ne les combattit qu'en menant dans son célibat volontaire
une vie retirée, modeste et adonnée aux occupations de
son sexe. Elle montra que les âmes grandes et généreuses,
capables de vaincre des armées ennemies sur le champ
de bataille, savent aussi se vaincre elles-mêmes dans
les luttes obscures qu'elles soutiennent chaque jour contre leurs propres défauts. On assure que, quand on la
voyait s'agenouiller au pied des autels, rien ne la distin-
guait de la femme la plus obscure de sa petite ville, rien
ne rappelait en elle ses hauts faits du col de Cabre. Sa
modestie semblait vouloir dérober à la mémoire des
hommes les souvenirs de cette glorieuse journée.

Philis ou Philippe (¹) de la Tour-du-Pin de la Charce
mourut le 4 juin 1703, à l'âge de 58 ans. Elle fut enterrée
dans l'église du prieuré de Nyons. On vient d'élever un
monument en son honneur dans la chapelle des fonts
baptismaux de cette église. Ce monument n'est pas seule-
ment l'œuvre de la famille de La Tour-du-Pin, la ville
de Nyons a voulu aussi y contribuer pour une forte part
et acquitter ainsi la dette du pays envers sa libératrice.
Il fut érigé le 19 février 1857, en présence des autorités
et des personnes notables de la ville de Nyons. Ç'a été
une tardive et solennelle justice rendue à l'une des gloi-

(¹) Les La Tour-du-Pin avaient la manie de l'altération des noms :
ainsi, même dans leurs actes de famille, Pierre Iᵉʳ est souvent dit
Perronet; Hugues son frère Hugonet; Huguette, dame de Sasse-
nage, est appelée Hugonette. (Note communiquée par M. le comte
Henri de La Tour-du-Pin.)

res les plus pures du Dauphiné et de notre vieille France.

NOTES ET PIÈCES JUSTIFICATIVES.

Voici une lettre qui prouve, une fois de plus, les bonnes relations de M. de Grignan avec la famille de la Charce. Elle a été écrite en 1710, par conséquent quelques années après la mort de Mlle Philis.

« A Grignan, le 9 octobre 1710.

» Mademoiselle,

» J'ai reçu les deux lettres que vous m'avez fait l'honneur de m'écrire. Je suis accoutumé depuis longtemps à mille bontés de votre part; je ne suis point surpris des marques obligeantes qu'il vous a plu de m'en donner. Vous connaissez mon ancien attachement à votre personne, à M. votre frère et à toute votre famille; rien ne peut être capable de m'en éloigner jamais, ni du respect avec lequel je veux toujours être, Mademoiselle, votre très-humble et très-obéissant serviteur.

» GRIGNAN.

» Ma fille de Simiane est très-sensible à l'honneur de votre souvenir; elle vous fait mille très-humbles compliments; elle va passer demain quelques jours avec M. le marquis de la Garde.

» Pardon, Mademoiselle, si je n'ai pas l'honneur de vous écrire de ma main; il y a deux ou trois jours que je suis un peu incommodé d'une fluxion. »

Suscription : *A Mademoiselle de la Charce, à Nyons* (¹).

Portraits. — Il en existe trois : 1° celui attribué à Mignard, et qui se trouve chez Mme la marquise de La Tour-du-Pin la Charce;

(¹) Edit. des lettres de Mme de Sévigné, par Adolphe Régnier, t. X, pp. 548, 549.

2º celui peint par Le Grip, lequel est au musée de Versailles; 3º deux autres portraits qui ont été conservés au cabinet des estampes de la bibliothèque impériale. M. le comte Henri de la Tour-du-Pin, qui m'a communiqué de nombreux documents sur sa famille, a bien voulu aussi m'envoyer une photographie, prise sur le cinquième cahier (estampe gravée chez Bonnart (¹). Collection de Bure.)

Mercure-Galant, sep. 1692, pp. 302, 303.

« Les avenues ordinaires du Dauphiné, sur les frontières du Pié-
» mont, étaient bien gardées; mais les Barbets qui, comme des
» sauvages et des bandits, avaient pratiqué les plus solitaires et les
» plus difficiles accès de ces montagnes, surent montrer au duc
» de Savoie des lieux et des chemins regardés comme impraticables,
» et dont l'âpreté semblait être un garant certain d'une défense
» assurée et naturelle de ce côté-là. Ils étaient commandés *par M.*
» *le marquis de Montbrun.* »

Mercure-Galant, oct. 1692, pp. 97, 92.

On y relève cette dernière assertion comme une erreur. — « Le
» commandant des Barbets n'était pas le marquis de Puy-Mont-
» brun, c'était M. de la Junchère de Romans, fils de feu le marquis
» de Villefranche, appartenant à une branche cadette de la mai-

---

(¹) On trouve les vers suivants au bas de ce portrait :

> Cedite, Amazonides, dum Philis Amazona major
>   Virginis Aureliæ factia facta refert.
> Bellatrix cujus Pallas si inspexerit ora
>   Vel sua crediderit vel velit esse sua.

> Cessez de nous vanter votre glore immortelle;
> Amazones, cédez . Philis, par sa valeur,
>   Ranime l'illustre Pucelle
> Qui vengea ses aïeux d'un insolent vainqueur.
>   Dans cette Amazone nouvelle,
> Pallas reconnaîtrait tout son air, tous ses traits,
> Ou du bonheur d'avoir mesme air, mesmes traits qu'elle,
>   Ferait ses plus ardents souhaits.

» son de Montbrun. Ce M. de la Junchère se faisait appeler le mar-
» quis de Montbrun, quoiqu'il n'eût aucun droit à ce titre. »

Est-ce de lui ou d'un autre officier protestant que parle Dangeau,
quand il dit, à la date du jeudi 30 avril 1693 : — « Julien, qui com-
» mandait les Barbets dans les vallées des Alpes, et qui était dans
» Coni quand nous l'attaquâmes, s'est fait catholique depuis quel-
» que temps et est venu offrir ses services au roi, qui lui pardonne
» tout le passé et lui donne mille écus de pension, lui promet le
» premier régiment d'infanterie vacant, et de le faire brigadier à la
» première promotion. (Dangeau, t. IV, p. 274.)

Mercure-Galant, aoust 1692. (Voir ci-dessus, pag. 10 et 11.)

M. le duc de Savoie prétendit que la garnison demeurerait prison-
nière de guerre; mais M. de Larey répondit à celui qui lui fit cette
proposition, « qu'il s'ensevelirait l'épée à la main, avec ceux qu'il
commandait, sous les ruines de la place, plutôt que d'entendre à une
telle composition. »

La capitulation fut accordée avec les honneurs de la guerre.

Puis le duc fit assembler les habitants et leur demanda 40 mille
écus. — Ceux-ci répondirent que la capitulation une fois accordée,
ils ne pouvaient autre chose que de l'exécuter et de faire payer les
mêmes droits qu'ils payaient au roi.

Le duc se rabattit à 40 mille livres, et comme on lui refusait encore cette somme, il ordonna que l'on descendît les cloches, disant
qu'il voulait les emporter. On dira donc que le noble duc n'est venu
en Dauphiné que pour voler et emporter des cloches.

Plusieurs généraux du duc de Savoie furent blessés à ce siége,
etc.

Mercure-Galant, 14 sept. 1692.

Enfin les troupes du duc de Savoie ont abandonné Gap après avoir
chargé trois cents mulets de ses dépouilles, et y avoir mis le feu en
quatre endroits : mais *il* (le feu) a mal secondé leurs intentions.

Le zèle qu'a fait paroistre Mlle Philis de la Charce, nouvelle con-
vertie, pour le service du roi, ne doit pas estre oublié. Elle a em-
pêché la désertion des peuples.... Elle s'est mise à leur tête, a gardé
les passages, fait couper les ponts, etc.

Mme la marquise de la Charce, sa mère, exhortait les peuples de la plaine à se maintenir dans le devoir, pendant que sa fille résistait aux ennemis de la montagne. Mme d'Urtis, son aînée, fit, *d'un autre côté*, couper toutes les cordes des bateaux qui traversaient la Durance, afin que les ennemis ne s'en pussent emparer....

Pendant que Mme de la Charce et ses filles donnent ainsi des preuves de leur fidélité dans leur province (où leur maison était autrefois souveraine, M. le marquis et M. le comte de la Charce, qui sont actuellement au service (apparemment dans l'armée du Nord), font connaître leur valeur et leur courage.

Il y a peu d'années, Mlle d'Aleyrac, cadette de cette maison, soutint le parti des catholiques contre les mutins qui s'étaient assemblés en Dauphiné, près de Bourdeaux, et avaient baptisé leur assemblée du nom de *camp de l'Eternel*. Cette demoiselle (sept. 1692) est maintenant à Paris, où elle s'est fait remarquer par son esprit et sa piété. Elle aurait voulu être en Dauphiné, pour y partager les périls et la gloire de sa mère et de ses sœurs.

Voici l'extrait d'une correspondance inédite de M. d'Anfossy, traducteur-interprète des langues italienne et espagnole près le cardinal de Fleury. La lettre ci-jointe est adressée à M. le marquis de Seytres-Caumont, membre de l'Académie des Inscriptions et Belles-Lettres :

« Versailles, le 23 février 1731.

» Je n'ay point encore rien veu des Mémoires de Mlle de la Char-
» ce, dont M. Camusat vous a parlé dans la lettre que je vous ai
» ci-devant envoyée. J'ay autrefois beauccup entendu parler de cette
» héroïne à Grignan. Elle s'estoit rendue célèbre dans ces contrées,
» surtout par les courses qu'elle faisoit, pendant les troubles de re-
» ligion, sur un de ces animaux auxquels Ajax est comparé dans
» Homère, qui lui acquirent le titre d'Amazone. J'ay veu aussi au
» mesme château de Grignan, une autre Mlle de la Charce, bel es-
» prit, qui avoit été l'amie de Mme Deshoulières, et qui y venoit re-
» nouveler la fureur des bouts rimés, pcur lesquels feu M. de Gri-
» gnan ne laissoit pas de conserver un reste d'affection, par le sou-
» venir de l'hostel de Rambouillet qu'il avoit fréquenté dans sa jeu-
» nesse. »

Si l'on avait conservé des Mémoires authentiques de Mlle de la Charce, ils seraient certainement fort curieux à publier. Mme la comtesse Dash cite, dans son roman, des fragments de ces prétendus Mémoires : mais ce qui existe sous ce nom est regardé comme apocryphe.

La lettre autographe de M. d'Anfossy m'a été communiquée par M. A. de Gallier, propriétaire à Tain (Drôme).

SIGNATURES DE PHILIS & DE SON FRÈRE.

SIGNATURES DE PHILIS & DE SON FRÈRE.

Signature de Philis en 1671 :

Philis de Latour

Signature de Philis en 1700 :

En 1687, le 4 Janvier, le Vicomte de la Charce donne une procuration à sa sœur Philis, dans laquelle il signe :

BIBLIOTHEQUE NATIONALE DE FRANCE

3 7502 01048445 1

www.ingramcontent.com/pod-product-compliance
Lightning Source LLC
Chambersburg PA
CBHW051320060726
47596CB00004B/1399